Willi Fährmann

Der Adler wollt hinauf zum Mond

Willi Fährmann

geboren 1929 in Duisburg, lebt heute in Xanten am Niederrhein.
Mit seinem Gesamtwerk, für das ihm neben zahlreichen Einzelauszeichnungen der »Große Preis der Deutschen Akademie für Kinder- und Jugendliteratur« und der Deutsche Jugendliteraturpreis verliehen wurden, ist er einer der bekanntesten Kinder- und Jugendbuchautoren. Seine im Arena Verlag erschienenen Bücher haben längst eine Auflage von über zwei Millionen überschritten.

Christiane Hansen

ist 1973 in Würzburg geboren. Schon als Kind wollte sie »Bilderbuchmalerin« werden. Viele Jahre später studierte sie an der Hochschule für angewandte Wissenschaften in Hamburg und arbeitet seit 2000 als selbstständige Illustratorin für verschiedene Verlage.

Willi Fährmann

Der Adler wollt hinauf zum Mond

Ein Tier-ABC

Mit farbigen Illustrationen von Christiane Hansen

EDITION BÜCHERBÄR

In neuer Rechtschreibung

1. Auflage 2005

Einband und Innenillustrationen: Christiane Hansen
Gesamtherstellung: westermann druck Braunschweig GmbH
ISBN 3-401-08848-3

www.arena-verlag.de

Inhalt

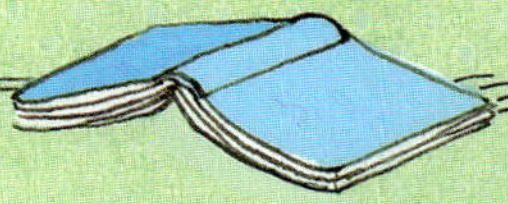

DER ADLER

Ein Adler wollt hinauf zum Mond
und schauen, wo das Mondkalb wohnt.
Er ist erstaunlich hoch geflogen,
doch dann hat's ihn hinabgezogen.

Wer aufsteigt bis in höchste Höhen,
den kann man oft tief fallen sehen.

In der Beschränkung
zeigt sich erst der Meister.

JOHANN WOLFGANG VON GOETHE

DER BÄR

Ein Bär am Sommernachmittag
schläfrig in der Sonne lag.
Zwei Kinder dort des Weges kamen
und fragten ihn nach seinem Namen.
»Na, Bär«, sagt er.
Nein, wie die Mutter ihn genannt
und Freunde, die ihn gut gekannt?
Wie außer Bär sein Name laute.
Der Bär auf einem Grashalm kaute
und stutzt verdutzt.
Was sollte auf solch dumme Fragen
er wohl für eine Antwort sagen?
Sein Name ist allein der Bär
und außer Bär sonst gar nichts mehr.
Nennt man ihn etwa Egon, Fritz?
Das wär, meint er, ein schlechter Witz.
Doch plötzlich leuchtet es ihm ein,
zwei Namen könnten nützlich sein.
Denn Bär, so hieß ja seine Tante,
auch Brüder, Schwestern und Verwandte.
Sie alle hießen schlicht der Bär,
doch niemand wusste, wer ist wer?
Könnt man ihn rufen Bär, der Klaus,
dann kannte sich gleich jeder aus.
Die Kinder schlugen Teddy vor.
Das klang sehr gut im Bärenohr.
Seitdem, das ist ja weltbekannt,
wird er der Teddybär genannt.

Nomen est omen
(deutsch: Name ist zugleich Bedeutung)

PLAUTUS

DAS CHAMÄLEON

Chamäleon ist rot wie Mohn,
doch plötzlich läuft die Farb davon,
wird grün wie Gras, dann himmelblau,
das Tier wird gelb und braun und grau.
Es passt sich der Umgebung an,
damit kein Feind es sehen kann.
Auch manche Menschen drehn geschwind
ihr Fähnchen hurtig nach dem Wind.
Doch wer stets mit den Wölfen heult,
wird innen krumm, schief und verbeult.
Und das hat er dann davon.
Der Mensch ist kein Chamäleon.

Wer hinter anderen herläuft,
wird sie niemals überholen.

MICHELANGELO

DAS DROMEDAR

Ein Lama pocht ans Himmelstor
und ein Kamel steht auch davor.
Das Lama mault: »Es ist nicht schlecht
und außerdem höchst ungerecht,
dass ein Kamel zwei Höcker hat.«
Ich bin dagegen glatt und platt.
Gott spricht: »Kehr nur zur Erd zurück,
ich ändere das. Augenblick.«
Und dies die Schöpfungsstunde war
vom einhöckrigen Dromedar.
Das Tier gefiel dem Lama nicht.
Es floh vor Gottes Angesicht,
weit weg bis Südamerika.
Noch heute findet man es da.
Das Dromedar zufrieden lacht,
weil Gott es überhaupt gemacht.
Man sieht's mal hier, man sieht's mal da
in Asien und in Afrika.
Sollt' es das Lama noch mal sehn,
dann sagt es sicher: »Danke schön.«

Tadeln können alle Toren,
aber besser machen nicht.

A. F. Ernst Langbein

DER EISBÄR

Ein Eisbär träumt von wärmern Zonen
und wünscht, da möcht ich auch gern wohnen.
Jetzt ist er dort. Nur Sand, kein Schnee.
Er schreit: Ich schwitz mich tot! Oh weh!

Bleibe im Land und nähre dich redlich.

Psalm 37/3

DAS FAULTIER

Sonntag:
Ein Faultier schwor einst Stein und Bein:
Ab morgen will ich fleißig sein.
Will aufstehn schon zu früher Stund,
denn Morgenstund hat Gold im Mund.

Montag:
Am Montag war das Wetter schön,
das Faultier wollt spazieren gehn.
Der Himmel blau, es scheint die Sonn.
Die Arbeit läuft ja nicht davon.

Dienstag:
Am Dienstag regnet es, oh Graus,
da jagt man keinen Hund hinaus.
Das Faultier schlummert wieder ein
und lässt die Arbeit Arbeit sein.

Mittwoch:
Am Mittwoch klopft Veronika,
die war schon länger nicht mehr da.
An Arbeit denke da, wer mag.
Auch morgen ist ja noch ein Tag.

Donnerstag:

Auf Mittwoch folgt der Donnerstag.
Das Faultier faul im Bette lag.
Es fühlte sich erschöpft und matt.
Arbeit fand deshalb gar nicht statt.

Freitag:

Die Zeitung kam am Freitag früh.
Um zehn Uhr fand das Faultier sie.
Es dachte kurz beim langen Lesen:
Ist da nicht sonst noch was gewesen?

Samstag:

Am Samstag fiel's ihm wieder ein:
Du wolltest doch recht fleißig sein.
Es sprach: »Ich wasche, putze, koche
ganz bestimmt die nächste Woche.«

Morgen, morgen! Nur nicht heute,
sagen alle faulen Leute.

Christian Felix Weisse

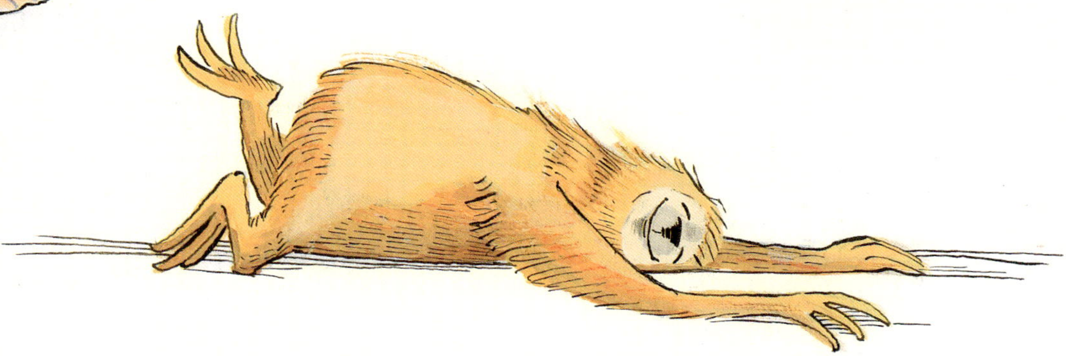

DIE GIRAFFE

Giraffe wollte Wolken lecken,
musst ihren Hals noch höher recken.
Jetzt kann sie, und das ist nicht schön,
nicht mal mehr ihre Füße sehn.
Sie trägt die Nase hoch im Wind.
Viele dann schon gestolpert sind.

Hochmut kommt vor dem Fall.

BUCH DER SPRÜCHE

DER HASE

Ein Hase fraß, 's ist kaum zu glauben,
vom Weinstock lauter reife Trauben.
Wenn er jetzt muss, zum Beispiel klein,
dann kommt heraus ein süßer Wein.

Unverhofft kommt oft.

SPRICHWORT

DER IGEL

Ein Igel las, es war ihm neu,
dass er ein Allesfresser sei.
Er sprach zu sich: Versuch macht klug.
Zu fressen hätt ich dann genug.
Denn im Falle eines Falles
ist ja alles wirklich alles.
Zur Probe schlug er sich den Bauch
voll mit einem Gummischlauch.
Jetzt kann man seine Stacheln ziehn
vom Kölner Dom bis nach Berlin.

Wir leben nicht, um zu essen,
wir essen, um zu leben.

SOKRATES

Berlin

DER JAGUAR

Ein Jaguar hat Nein gesagt,
als man ihn neulich hat gefragt,
ob er nicht wollte in den Zoo.
Dort sei's so gut wie nirgendwo.
Es gäb ein großes Freigehege
und auch die allerbeste Pflege.
Stets Frischfleisch würde ihm gegeben.
Das wär ein sorgenfreies Leben.
Für leichte und für schwere Fälle
sei auch ein Tierarzt schnell zur Stelle.
Des Nachts und zu der Winterzeit
stehe das Raubtierhaus bereit.
Beheizt und sauber alles dies.
Kurzum, es sei ein Paradies.

Der Jaguar bleibt bei dem Nein.
Er sagt: »Das mag ja alles sein.
Das Wichtigste in meinem Leben
kann kein Zoo der Welt mir geben.«
Er wird gefragt, was das denn sei.
Die Antwort ist: »Hier bin ich frei.
Freiheit ist Herzblut, Glanz des Lichts.
Ohne dies Gut ist alles nichts.«
Die Frager sind zutiefst berührt.
Hatten sie das nicht auch gespürt?

Du kannst den Wolf so gut füttern, wie du willst,
er wird immer zum Walde schauen.

Sprichwort in Russland

DIE KUH

Die Kuh schluckt eine Haselnuss.
Ein Kind das Rindvieh streicheln muss.
Tapfer wie ein ganzer Mann
schleicht sich das Kind von hinten an.
Vor Schreck entweicht der Kuh ein Wind.
Die Nuss traf haargenau das Kind.
Man konnt die Beule wachsen sehn.
Bleib niemals hinter Kühen stehn!
Kraul Kühe, wenn es sein muss, vorn.
Sonst wächst auch dir vielleicht ein Horn.

Vorsicht ist die beste Tapferkeit.

Euripides

DER LÖWE

Ein Löwe schüttelt seine Mähne,
zeigt allen Tieren seine Zähne.
Und weil er zornig faucht und brüllt,
wurde ihm sein Wunsch erfüllt.

Sie sagen, dass er König sei
und nennen ihn von da an Leu.
Jedoch ein Floh, ganz winzig klein,
ruft laut: »Das ist ja hundsgemein.

Immer wählt ihr nur die Großen.
Wer klein ist, wird beiseit gestoßen.«
Die ganze Tierversammlung lacht,
was den Floh höchst wütend macht.

Er springt dem Löwen hinters Ohr
und schiebt schnell seinen Rüssel vor.
Er sticht den Löwen zwanzig Mal.
Für König Leu wird das zur Qual.

Er kratzt und schabt und wirft sich nieder,
wälzt sich im Sande immer wieder.
Die Tiere staunen, stehen stumm.
Ihr König kriecht im Staub herum?

Das Nashorn sagt: »Mit meinem Horn
kann ich dich stoßen, seitlich, vorn.
Vielleicht kann ich den Floh verjagen.«
Der Leu kann Stöße nicht vertragen.

Der Wolf will beißen ihn im Nacken.
Er könnt den Floh wahrscheinlich knacken.
Der Elefant dem Leu schlägt vor:
»Ich trete dich mal hinters Ohr.

So kann den Quälgeist ich zerquetschen.«
Man sieht den Leu die Zähne fletschen.
Doch dann packt ihn die Angst, er zittert,
hat eine Rebellion gewittert.

Er rennt davon, stürzt sich ins Meer.
Man sah ihn nie und nimmermehr.
Die Tierwelt war den Gernegroß
König Löwe wieder los.

Welche Regierung die beste sei?
Die, die uns lehrt uns selbst zu regieren.

Charles Dickens

DER MENSCHENAFFE

Der Gorilla fand im Zoo
einen Spiegel irgendwo.
Als er sein Spiegelbild erblickt,
beinahe er zu Tod erschrickt.
Er sieht fast wie die Menschen aus,
die täglich in dem Affenhaus
Fratzen schneiden, lärmen, lachen
und tausend dumme Faxen machen.
Der Gorilla zuckt zusammen,
sollt vom Menschen er abstammen?
Verzweifelt hockt er still und stumm
in seinem großen Käfig rum.
Er will nicht fressen, will nicht trinken,
im Trübsinn scheint er zu versinken.

Da ruft der Wärter ungelogen
den Affenarzt, den Psychologen.
Der macht nun dem Gorilla klar,
wie es vermutlich wirklich war.
Es sei als sicher anzunehmen,
die Menschen von den Affen kämen.
Gorilla sagt sich: »Hast du Töne?
Ich bin der Vater? Sie die Söhne?«
Er trommelt wild und voller Lust
mit Fäusten auf die Affenbrust.
Und wird genau zu dieser Stund
wieder fröhlich und gesund.

Man muss Courage haben, das zu sein,
wozu die Natur uns gemacht hat.

JOHANN WOLFGANG VON GOETHE

DAS NILPFERD

Ein Nilpferd machte sich einst auf
zu einem Badehosenkauf.
Doch mit vier Beinen gab's die nicht,
schon gar nicht für sein Schwergewicht.
Wenn es ein Vogel wäre, ja,
dann hätten sie vielleicht was da.
Kariert, gestreift und gelb und rot,
das alles ist im Angebot.
Das Nilpferd eilt zur Tür hinaus.
Und so was nennt sich Modehaus?
Es badet weiter wie bisher
splitternackt in Nil und Meer.

Alles Natürliche ist keine Schande.

EURIPIDES

DER OCHSE

Ein Ochse macht ’ne Badekur
und schwimmt im salzgen Wasser nur.
Er badet kalt, er badet heiß,
vom Salz färbt sich sein Fell schneeweiß.
Die Ochsen schreien: »Weiß ist in!«,
und laufen auch zum Baden hin.
Seitdem kann man in Bädern sehn,
wie alte Ochsen baden gehn.
Sie zahlen dafür jeden Preis.
Ob’s wirklich hilft? Wer weiß, wer weiß?

Alter macht zwar immer weiß,
aber nicht immer weise.

SPRICHWORT

DER PFAU

Ein Pfau, der ist ein eitles Tier,
denkt sich: Ich bin der Schönste hier.
Er schlägt sein Rad, stolziert herum
und Beifall klatscht das Publikum.
Doch bald raubt ihm zur Herbsteszeit
die Mauser dann sein buntes Kleid.
Feder um Feder fällt ihm aus
und niemand spendet mehr Applaus.
Er steht im Regen ohne Schwanz.
Vergänglich ist der Schönheit Glanz.

Ach wie bald, ach wie bald
schwinden Schönheit und Gestalt.

JOHANN CHRISTIAN GÜNTHER

DIE QUALLE

Gott rief ein jedes Tier ins Leben,
Adam durfte die Namen geben.
Benannt hat er sie schon fast alle.
Die letzte war die Feuer**qualle.**
Das schöne Tier erschrak gar sehr
und bat: »Dann möchte ich ins Meer.
Denn Wasser, das ist ja bekannt,
löscht auch den schlimmsten Feuerbrand.«
Dort schwebt es wie ein fremder Stern,
bewundern darf es jeder gern.
Doch lasse keiner sich verführen
die Feuerqualle zu berühren.
Nie darf man mit Feuer spielen.
Wer nicht hören will, muss fühlen.

Op de Welt keen grödder Leid,
als wat de Mensch sich sölfs andeiht.

SPRICHWORT

DER RABE

Ein Rabe wollte schöner singen.
Es sollt wie Nachtigallen klingen.
Er übte lang bis in die Nacht.
Hat ihm ’nen dicken Hals gebracht.
Sein Krächzen schallte rau und rauer.
Wer’s hört, den überläuft ein Schauer.

Singe, wem Gesang gegeben.

Ludwig Uhland

DAS SCHWEIN

Ein Schwein fraß einst mit Hochgenuss
die Schale einer Kokosnuss.
Jetzt ist, wie kann es anders sein,
sein Schweinebauch so hart wie Stein.

Wer sich auf die heiße Herdplatte setzt,
darf sich nicht wundern,
wenn die Blasen brennen.

Sprichwort in den Niederlanden

DER TAUWURM

Ein Tauwurm kommt nur in der Nacht
aus seinem tiefen Erdenschacht.
Einst denkt er sich, es kann nicht schaden,
möcht auch mal in der Sonne baden.

Er kriecht ans Licht, doch eine Spitze
lässt er in seiner Bodenritze.
Ich bin, sagt er, stets auf der Hut,
denn sonst geht es vielleicht nicht gut.
Die Amsel kommt herbeigeflogen
und hat ihn ganz herausgezogen.
Die Amseljungen freuen sich
über dieses Festmahl königlich.

Übermut tut selten gut.

SPRICHWORT

UHU

DER UHU

Der Uhu sieht scharf in der Nacht.
Doch einmal hat er sich gedacht:
Möcht auch am Tage Mäuse jagen.
Ich fliege los, ich will es wagen.
Kühn schwingt er sich ins helle Licht.
Den Eichenstamm, den sieht er nicht.
Der Stoß ist hart, der Kopf ihm klopft,
ein Tränchen aus dem Auge tropft.
Vom Flug bei Licht hat er genug.
Aus Erfahrung wird man klug.

Erfahrung ist der Name,
mit dem viele ihre Dummheit bezeichnen.

Oscar Wilde

DIE VIPER

Der Viper, einer giftgen Schlange,
der wurde es einst angst und bange.
Hat in der Kirche sich verborgen.
Da hörte sie am Sonntagmorgen
die Predigt. Was vernahm sie da?
Sie wusste nicht, wie ihr's geschah.
Die immer nur ihr Gift verspritzen,
solln später in der Hölle schwitzen?
Ich ändre mich, nahm sie sich vor.
Ihr Schwur drang bis in Gottes Ohr.
Er schickte ihr 'ne Kirchenmaus.
Schon war's mit ihrem Vorsatz aus.
Sie dacht: Soll ich nur Gräser fressen?
Den Schwur hat sie sofort vergessen.
Sie beißt und schlingt und fühlt sich satt.
Veränderung fand gar nicht statt.

Ein großer Vorsatz
scheint am Anfang toll.

JOHANN WOLFGANG VON GOETHE

DAS WARZENSCHWEIN

Ein Warzenschwein, das schämte sich
ob seiner Warzen fürchterlich.
Es ist von Arzt zu Arzt gelaufen,
musst teure Arzeneien kaufen.
Doch keine half ihm aus der Not.
Laut rief es: »Ach, wär ich doch tot!
Kein Warzeneber wird mich frein
mit meinen Warzensauerein.«
Da hörte es von neuen Strahlen,
die musste es auch selbst bezahlen.
Sie wirkten endlich. Welch ein Glück!
Die Warzen bilden sich zurück.
Es zeigt voll Stolz dem Eber sich.
Doch der findet es ekelig.
Ganz ohne Warzen? Hässlich! Nein!
Er suchte sich ein andres Schwein.
Man sieht, wie's zugeht auf der Welt:
Es ist nur schön, was auch gefällt.

Man muss den schönsten Tag
nicht vor dem Abend loben.

FRIEDRICH VON HAGEDORN

DAS X

Mit X wird überall beschrieben
all das, was unbekannt geblieben.
Was niemand kennt und keiner weiß,
das lässt mich kalt, macht mich nicht heiß.
Deshalb werd ich es auch nicht wagen
was x-Beliebiges zu sagen
über ein unbekanntes Tier.
Drum schweig ich hier.

Reden ist Silber, Schweigen ist Gold.

SPRICHWORT

DER YAK

Ein Yak sein Kälbchen einst betrachtet
und denkt, ich hab nicht drauf geachtet,
zerzaust und struppig ist sein Fell,
das muss geändert werden. Schnell.
Doch wie? Ich frag den Fuchs, den schlauen.
Man sagt, dem kann man blind vertrauen.
Gut kämmen, lautet dessen Rat –
am Morgen früh, am Abend spat.
Ob er den Kamm besorgen solle?
Der Preis? Vom Kalb die weiche Wolle.
Der Yak ist froh und lässt dem Kind
die Wolle scheren ganz geschwind.
Das Kalb ist nackt und schämt sich sehr,
zu kämmen gibt es jetzt nichts mehr.
Da hat der Yak bei sich gedacht:
Hab ich am End was falsch gemacht?
Der Rat des Fuchses ist gefährlich.
Die Schlauen sind nicht immer ehrlich.

Wer einmal lügt, dem glaubt man nicht,
und wenn er auch die Wahrheit spricht.

Ludwig Heinrich von Nicolay

DAS ZEBRA

Ein Rappe, schwarz von Kopf bis Zeh,
sieht einen Schimmel weiß wie Schnee.
Er wiehert laut: »Es wär doch nett,
wenn Schwarz und Weiß – ich beides hätt.«
Jetzt kann man ihn als **Zebra** sehn,
muss immer im Pyjama gehn.

Wer mit gierger Hand nach Schätzen gräbt,
froh ist, wenn er Regenwürmer findet.

Johann Wolfgang von Goethe

Personenregister

CHARLES DICKENS (S. 28)
* 7. Februar 1812 in Portsmouth (England),
† 9. Juni 1870 in Gadshill (England)
Charles Dickens zählt zu den berühmtesten englischen Schriftstellern. Seine sozialkritischen Romane waren schon zu seinen Lebzeiten ein großer Erfolg. Dickens' Ziel war es, die Menschen auf die Armut und die Ungerechtigkeit seiner Zeit aufmerksam zu machen. Sein wohl bekanntestes Werk ist *Oliver Twist*.

EURIPIDES (S. 26, S. 32)
* 480 v. Chr. in Salamis, † 406 v. Chr. in Pella
Euripides war ein klassischer griechischer Dichter, der als der letzte große Tragödiendichter angesehen wird. Er soll 92 Tragödien geschrieben haben, von denen aber nur 18 erhalten sind.

JOHANN WOLFGANG VON GOETHE (S. 6, S. 31, S. 48, S. 56)
* 28. August 1749 in Frankfurt am Main, † 22. März 1832 in Weimar
Johann Wolfgang von Goethe ist einer der berühmtesten Dichter aller Zeiten. Seine Werke gehören zur Weltliteratur. Außerdem war er Naturwissenschaftler, Kunsttheoretiker und Staatsmann.

JOHANN CHRISTIAN GÜNTHER (S. 36)
* 8. April 1695 in Striegau, † 15. März 1723 in Jena
Johann Christian Günther war ein deutscher Dichter. Er versuchte mit der Dichterei seinen Lebensunterhalt zu verdienen, verschuldete sich dabei und kam sogar ins Gefängnis. Der Versuch, sich eine bürgerliche Existenz aufzubauen, scheiterte ebenfalls. Johann Christian Günther starb schon in jungen Jahren an Tuberkulose.

FRIEDRICH VON HAGEDORN (S. 51)
* 23. April 1708 in Hamburg, † 28. Oktober 1754 in Hamburg
Friedrich von Hagedorn war ein bürgerlicher Rokokodichter. In seiner dichterischen Tätigkeit belebte Friedrich von Hagedorn die Fabel neu, eine Erzählform, in der Tiere die Rollen der Menschen übernehmen.

AUGUST FRIEDRICH ERNST LANGBEIN (S. 12)
* 6. September 1757 in Dresden, † 2. Januar 1835 in Berlin
August Friedrich Ernst Langbein war ein deutscher Schriftsteller. Offensichtlich war er ein bescheidener Mensch: 1820 erhielt er das Amt eines Zensors (eine Art Beurteiler) für schöne Literatur und strich in dieser Funktion seine eigenen Werke aus den Katalogen der Leihbüchereien.

MICHELANGELO (S. 11)
* 6. März 1475 in Caprese (Italien), † 18. Februar 1564 in Rom
Michelangelo war ein berühmter italienischer Maler, Bildhauer und Architekt. Er zählt zu den berühmtesten Künstlern der Weltgeschichte. Seine Werke zieren unter anderen die Sixtinische Kapelle und den Petersdom in Rom.

LUDWIG HEINRICH FREIHERR VON NICOLAY (S. 55)
* 27. Dezember 1737 in Straßburg, † 28. November 1820 in Finnland
Ludwig Heinrich Freiherr von Nicolay war Schriftsteller und schrieb Epen und Dramen. Er war Professor der Logik in Straßburg und trat später in den Dienst des Russischen Reiches.

TITUS MACCIUS PLAUTUS (S. 8)
* um 245 v. Chr. in Sarsina (Italien), † um 184 v. Chr.
Plautus war ein berühmter römischer Komödiendichter. Als junger Mann arbeitete er als Soldat, Kaufmann und wandernder Müller. Etwa im Alter von 45 Jahren begann er Komödien zu schreiben. Er verfasste etwa 130 Stücke, von denen 21 überliefert sind.

SOKRATES (S. 22)
* 469 v. Chr. in Athen, † 399 v. Chr. in Athen
Sokrates war ein griechischer Philosoph. Sein Gedankengut hatte starken Einfluss auf das westeuropäische Denken und bildete das Fundament für viele weitere philosophische Strömungen. Wegen »Gottlosigkeit und verderblichem Einfluss auf die Jugend« wurde Sokrates im Alter von 70 Jahren zum Tode verurteilt.

LUDWIG UHLAND (S. 40)
* 26. April 1787 in Tübingen, † 13. November 1862 in Tübingen
Ludwig Uhland war ein deutscher Jurist, Gelehrter, Dichter und Politiker. Er wurde 1829 Professor für Literatur und deutsche Sprache. 1848 gehörte er der Frankfurter Nationalversammlung an, die eine Verfassung für Deutschland ausarbeiten sollte. Als Dichter ist er besonders für seine Balladen bekannt.

CHRISTIAN FELIX WEISSE (S. 17)
* 28. Januar 1726 in Annaberg-Buchholz, † 16. Dezember 1804 in Stötteritz.
Christian Felix Weiße war ein deutscher Schriftsteller, der Lyrik und Dramen verfasste. Außerdem war er einer der Begründer der Kinder- und Jugendliteratur. Er hatte großen Erfolg mit seiner Zeitschrift *Der Kinderfreund*, der ersten Kinderzeitschrift Deutschlands.

OSCAR WILDE (S. 47)
* 16. Oktober 1854 in Dublin (Irland), † 30. November 1900 in Paris (Frankreich)
Oscar Wilde war ein englischsprachiger Schriftsteller. Er schrieb hauptsächlich Gesellschaftskomödien und Schauspiele, wurde gleichermaßen bewundert und als Skandalautor verschrien. Sein bekanntestes Werk ist *The Importance of Being Ernest*, eine spöttische Darstellung der englischen Oberschicht.